creciendo con

MARTA

libros para sentir

everest

Para mi madre, que me enseñó a hacer buñuelos.
Para mi padre, que me contaba las historias de familia.
Con todo mi cariño —C. M. A.

A mis hijos, niños, y a los niños, todos —A. C. C.

Un verano para recordar

El diario de la abuela

Carmen Martín Anguita

Ilustraciones de Alicia Cañas Cortázar

everest

Presentación de la colección

Los valores, el control de los impulsos, el manejo de las emociones y de los sentimientos (es decir, todo aquello que nos permite «vivir bien») se transmiten por contagio.

La psicología establece que la formación de la estructura moral básica se construye durante los primeros años de la vida.

Pero esto no se «enseña» a través de un método de transmisión directa de conocimientos, como pueden ser los conocimientos matemáticos. Es a través del contacto diario con la familia (o la cuidadora), y en la escuela, donde se produce este «aprendizaje emocional».

Partiendo de estos presupuestos, la colección CRECIENDO CON MARTA se lanza con la pretensión de alcanzar los siguientes objetivos:

- Potenciar, con herramientas creativas, el proceso de «desarrollo emocional» de los niños.

- Hacerlo mediante la utilización de la fantasía como instrumento preferente, ya que el niño no distingue entre la fantasía y la realidad; la realidad del niño está instalada en la fantasía.

- Llevarlo a cabo «por contagio», a través de un cuento con numerosas interpretaciones basadas en una interacción personal.

- Ayudar a solucionar los conflictos típicos de la infancia, tanto en el contexto familiar como escolar, de una forma sugerente, a través de los cuentos.

Jesús Blanco García
Psicólogo

Enrique, el papá de Marta y David, había viajado a otro país para asistir a un congreso médico, y Lucía, la mamá de los niños, le había acompañado. Marta y David fueron a pasar las vacaciones al pueblo con los abuelos Juan y Consuelo.

Aquel día los niños se levantaron temprano. La abuela les preparó un gran desayuno con fruta, cereales, leche y pan de maíz. Después de desayunar, fueron a casa de Damián, un amigo del abuelo.

6

El abuelo les había dicho que Damián tenía dos vacas lecheras.

—¿Abuelo, las vacas son muy grandes? —preguntó David, que solo las recordaba por las ilustraciones de los libros.

—Más pequeñas que un caballo y más grandes que una oveja —le contestó el abuelo.

Cuando llegaron, Damián les llevó al establo.

—¡Son muy grandes! —exclamó David, impresionado.

—¿Por dónde sale la leche? —preguntó Marta, asombrada.

—La leche sale por la ubre. ¡Ordeñar una vaca es todo un arte! —contestó Damián, que en cuestiones de vacas era un experto.

Damián se sentó en un taburete y puso un cubo de aluminio bajo las ubres de la vaca. Comenzó a darles un suave masaje, y varios pequeños chorros de leche fueron llenando el cubo.

—¡Está muy buena! —dijeron los niños al probarla.

De vuelta a casa, se pasaron por el huerto del abuelo a recoger judías verdes y tomates. También recogieron manzanas de los árboles.

—¿Los tomates que compra mamá también salen de las plantas, abuelo? —preguntó Marta.

—También —repuso el abuelo con una sonrisa comprensiva.

Al abuelo le gusta trabajar la tierra, y siempre dice que a la naturaleza hay que amarla y cuidarla como a un hijo, para que así ella también nos pueda cuidar como una madre.

—Un día de éstos iremos al río a pescar truchas. A vuestro padre le gustaba mucho pescar cuando era pequeño —añadió el abuelo con la ilusión de la primera vez.

Cuando las estrellas cubrían el cielo
y solo los grillos rompían el silencio,
la abuela se sentó al calor de la lumbre
para contarles un cuento.

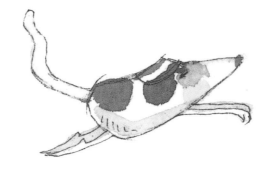

El pueblo de Puente Arce amaneció cubierto de nubes grises.

—Vienen cargadas de agua. Esta tarde lloverá —afirmó el abuelo.

—¿Por qué sabes que lloverá, abuelo? —preguntó Marta, curiosa.

—Porque me lo dice el color del cielo y el olor del viento.

—Yo quiero ir a pescar —dijo David, contrariado.

—Iremos otro día, cuando haga sol. Hoy subiremos al desván y os contaré viejas historias de familia —la voz del abuelo sonaba cálida.

Marta y David descubrieron
que el desván era un lugar
mágico. Una bombilla pendía
del techo abuhardillado, tres
vigas cruzaban la estancia,
de donde colgaban embutidos
de la última matanza. Guindillas,
ramas de hierbabuena y tomillo
se secaban al aire esparciendo
su olor a campo.

Una pequeña claraboya dejaba
adivinar un cielo lejano y oscuro.
Un rastrillo, una pala y un azadón
descansaban en la pared, y un baúl
lleno de recuerdos completaban
la estancia.

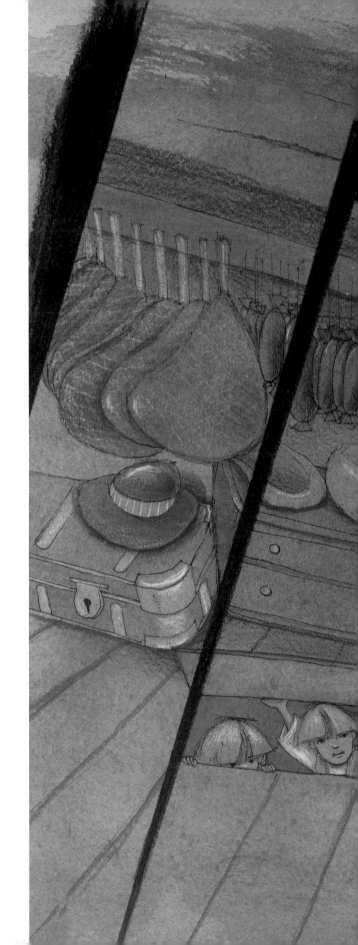

La abuela Consuelo arrimó una silla cerca del baúl y se sentó con ojos de nostalgia; muy despacio fue abriendo la tapa, a la vez que una extraña luz iluminaba su rostro.

Sacó un vestido de color sepia.

—Es mi vestido de boda —sonrió la abuela—. Me lo hizo mi madre.

El abuelo sacó un viejo álbum de fotos antiguas.

—Éste es mi padre. Sirvió en los alabarderos del rey Alfonso XIII.

—¿Qué son los alabarderos, abuelo? —preguntó David, lleno de curiosidad.

—Eran los soldados que escoltaban al rey.

Marta y David se sintieron muy importantes al descubrir que su bisabuelo había sido soldado a las órdenes del rey.

—¿Abuela, puedo probarme este vestido azul de princesa? —pidió Marta, ilusionada.

—Claro, cariño —asintió la abuela mientras la ayudaba a ponérselo—. Estás preciosa.

22

—¡Abuelo, yo quiero vestirme de soldado! —gritaba David, batiendo un palo al aire a modo de espada.

—A ver qué encontramos por aquí —dijo el abuelo Juan—. Seguro que podremos convertirte en un apuesto soldado.

Marta se sentó en el regazo de su abuela,
con un cuaderno entre las manos.

—¿De quién es? —preguntó.

—Es mi diario —contestó la abuela Consuelo.

La abuela abrió el cuaderno y leyó muy despacio:

Nací en Puente Arce. Me gusta mi pueblo
y sus gentes, y el olor del pan de maíz
que hace mi madre. También me gusta Juan.
Juan es un joven apuesto que me ha
invitado el domingo al baile.

27

Mi madre me ha hecho un vestido azul para las fiestas. Lo estrenaré el domingo. El corazón me late muy fuerte cuando estoy con Juan. Me gustaría casarme con él y vivir en Puente Arce, tener hijos y hacerles pan de maíz cada mañana, y contarles los cuentos que me contaba mi madre. Y un día, dentro de muchos años, poder decirles a nuestros nietos que mis deseos se cumplieron y que he sido muy feliz.

—¿Abuela, es éste el vestido azul que estrenaste en las fiestas del pueblo?

—Sí, cariño, lo guardaba para ti.

—Abuela, quiero aprender a hacer pan de maíz.

© 2008 de los textos Carmen Martín Anguita
© 2008 de las ilustraciones Alicia Cañas Cortázar
© 2008 EDITORIAL EVEREST, S. A.
División de Licencias y Libros Singulares
Calle Manuel Tovar, 8
28034 Madrid (España)
Reservados todos los derechos.
ISBN: 978-84-241-5698-5
Depósito legal: LE. 871-2008
Printed in Spain – Impreso en España
Editorial Evergráficas, S. L.

Colección
Creciendo con Marta